Prix : 50 Centimes.

A PROPOS DES BIBLIOTHÈQUES POPULAIRES

DISCOURS

DE

M. SAINTE-BEUVE

PRONONCÉ DANS LA SÉANCE DU SÉNAT
LE 25 JUIN 1867

PARIS
MICHEL LÉVY FRÈRES, LIBRAIRES ÉDITEURS
RUE VIVIENNE, 2 BIS, ET BOULEVARD DES ITALIENS, 15
A LA LIBRAIRIE NOUVELLE

1867

A PROPOS
DES
BIBLIOTHÈQUES POPULAIRES

DISCOURS

DE

M. SAINTE-BEUVE

PRONONCÉ DANS LA SÉANCE DU SÉNAT
LE 25 JUIN 1867

PARIS
MICHEL LÉVY FRÈRES, LIBRAIRES ÉDITEURS
RUE VIVIENNE, 2 BIS, ET BOULEVARD DES ITALIENS, 15
A LA LIBRAIRIE NOUVELLE

1867

Le discours que je fais imprimer, pour être tout à fait compris, a besoin d'être rapproché d'un incident antérieur.

Dans la séance du Sénat du 29 mars 1867, à la fin de la discussion sur la loi relative à l'enseignement primaire, M. le comte de Ségur d'Aguesseau crut devoir présenter des observations d'un intérêt général, disait-il. Dans ce discours, il dénonçait d'un ton de conviction profonde le danger moral qui, selon lui, menaçait la société. Il croyait voir un plan arrêté chez les ennemis de l'ordre, un dessein d'arriver à détruire tout frein moral et religieux. De considérations en considérations, et revenant sur le passé, il reprocha au Gouvernement de n'avoir pas toujours donné le bon exemple, — de ne point le donner notamment en ce qui est des travaux publics, pour lesquels on n'observe pas les jours de repos, dimanches et fêtes. Il continua en ces termes (et ici je ne fais que donner l'extrait même du *Moniteur*) :

« Le bon exemple ne serait peut-être pas suivi, hélas ! mais au moins vous n'auriez pas le reproche à vous faire d'avoir favorisé ce courant de matérialisme, d'athéisme, qui emporte les masses et leur inspire une profonde indifférence pour les lois religieuses les plus sages et les plus saintes. Un autre reproche que j'ai à faire, ce sont certaines nominations scandaleuses. Je regrette que M. Rouland ne soit pas présent, car c'est lui qui...

« *Plusieurs sénateurs.* Mais M. Rouland est ici. (On rit.)

« M. LE COMTE DE SÉGUR D'AGUESSEAU. Je suis bien aise que M. Rouland soit présent pour dire devant lui que, malgré les bonnes intentions qu'il a manifestées l'année dernière, à l'occasion d'une pétition relative aux protestants, malgré toutes ses bonnes dispositions, il restera toujours dans sa conscience le remords d'avoir fait une certaine nomination qui a produit un grand scandale! (Rumeurs.)

« M. Sainte-Beuve (*se levant et interrompant l'orateur*) :

« Je proteste contre des imputations personnelles qui sortent de la question, et qui s'adressent à des hommes honorables.

« M. le Président. M. Sainte-Beuve, n'interrompez pas.

« M. Sainte-Beuve (*continuant*). Si c'est à M. Renan que l'honorable M. de Ségur d'Aguesseau prétend faire allusion, je proteste contre une accusation portée contre un homme de conviction et de talent dont j'ai l'honneur d'être l'ami. (A l'ordre! à l'ordre!)

« M. le Président. Je n'ai pas remarqué de personnalités dans ce qu'a dit M. de Ségur d'Aguesseau. Il a parlé de certaines doctrines, mais il n'a nommé personne.

« *Voix nombreuses:* A l'ordre l'interrupteur!

« M. le baron de Chapuis-Montlaville. Il n'est pas possible de ne pas éprouver une affliction profonde lorsqu'on voit, dans une certaine littérature moderne dont on vient louer les auteurs, fouler aux pieds les lois de l'ordre éternel, attaquer la religion, base de l'ordre social. (Très-bien! très-bien!)

« Il n'est pas permis de venir ici faire l'éloge de ces hommes qui portent l'incendie dans la société, en répandant dans les masses des doctrines d'athéisme et d'irréligion. C'est là un danger social contre lequel doivent se réunir toutes les forces des hommes de bien. Nous protestons contre ces doctrines funestes de toute l'énergie de nos convictions. (Nouvelle et vive approbation.)

« L'immoralité coule à pleins bords, et c'est à nous plus particulièrement qu'il appartient de signaler au Gouvernement les moyens d'y porter remède. Pour mon compte, je n'y manquerai pas, c'est un devoir.

« *De toutes parts.* Très-bien! très-bien!

« M. Sainte-Beuve se lève de nouveau.

« Les cris : A l'ordre! partent de tous les points de l'assemblée.

« M. Sainte-Beuve (*avec énergie*). M. de Ségur d'Aguesseau a parlé de deux choses. Il y a un courant d'immoralité et d'obscénité que personne ne défend et qu'on réprouve avec mépris; mais il y a aussi des opinions philosophiques honorables et respectables que je défends au nom de la liberté de penser et que je ne laisserai jamais attaquer et calomnier sans protestation. (A l'ordre! à l'ordre!)

« M. Lacaze. Vous n'êtes pas ici pour cela.

« M. de Maupas. Vous serez alors tout seul dans le Sénat pour défendre de pareilles doctrines.

« *Un sénateur*. Tous les honnêtes gens doivent protester contre de telles paroles.

« *De toutes parts*. Assurément.

« M. le comte de Grossolles-Flamarens. C'est la première fois que, dans cette enceinte, l'athéisme trouve un défenseur.

« M. Le Verrier. Nous ne demandons pas qu'on attaque ces opinions, mais pour les respecter, jamais!

« M. le maréchal Canrobert (*vivement et en s'adressant à M. Sainte-Beuve*). Ce n'est pas dans cette assemblée qu'on peut faire l'apologie de celui qui a nié la divinité du Christ, et qui s'est posé comme l'ennemi acharné de la religion de nos pères qui est encore celle de la très-grande majorité des Français. Quant à moi, en laissant à chacun la liberté d'apprécier à son point de vue le livre de cet écrivain, je proteste formellement contre les doctrines qui y sont émises, et je suis persuadé que ma voix aura ici beaucoup d'échos. (Très-bien! très-bien! — Mouvement bruyant et prolongé d'approbation.)

« M. de Maupas. L'occasion est bonne pour le Sénat de protester énergiquement contre une pareille œuvre et contre les tendances antireligieuses et immorales dont elle a fait l'apologie. (Oui! oui! — Très-bien!)

« M. Ferdinand Barrot *et plusieurs sénateurs*. Revenons à la loi sur l'instruction primaire, — l'ordre du jour.

« M. Sainte-Beuve prononce quelques mots qui n'arrivent pas jusqu'à nous. (A l'ordre! à l'ordre!)

« M. le Président. Si vous persistez dans vos interruptions, je serai obligé, monsieur Sainte-Beuve, de vous rappeler à l'ordre.

« Vous soulevez, vous le voyez, des incidents qui sont de nature à troubler le calme habituel des délibérations du Sénat. Personne n'avait songé à M. Renan, c'est vous qui, en le nommant, l'avez mis en cause.

« Renoncez, croyez-moi, à prolonger ce regrettable incident.

« *De toutes parts*. Très-bien! très-bien!

« M. de Mentque. Je demande formellement que l'orateur revienne à la question, c'est-à-dire à la discussion de la loi; il est plus que temps que l'incident soit clos.

« M. ROULAND. Laissez parler l'orateur, on répondra.

« M. LE PRÉSIDENT. Ne prolongez pas cet incident, monsieur Rouland.

« (Plusieurs membres se lèvent et semblent se disposer à prendre la parole.)

« M. SUIN. Nous demandons qu'on revienne à la question.

« *Voix diverses.* Oui ! oui ! — A la loi. — Parlez, monsieur de Ségur, continuez.

« M. LE PRÉSIDENT. J'invite l'orateur à continuer son discours, mais en se renfermant dans la question, ainsi que le désire le Sénat.

« (Le calme se rétablit peu à peu.) »

Le lendemain de cette séance, après la lecture du *Moniteur*, j'adressai à M. le Président Troplong la lettre suivante :

« Ce 30 mars 1867.

« Monsieur le Président.

« Le respect que j'ai pour vous et, laissez-moi ajouter, l'affection que m'inspire votre personne ne m'interdisent point cependant de vous faire remarquer que lorsque, hier, M. de Ségur d'Aguesseau a parlé d'une nomination scandaleuse, il n'a parlé et pu parler que de M. Renan, comme lui-même en est convenu aussitôt après, à moi parlant. Il n'est donc point exact de dire que personne n'avait songé à M. Renan; car il était clairement et expressément désigné. Je n'ai donc point inventé à plaisir une personnalité : elle était dans les paroles de M. de Ségur. J'aurais pu, en effet, faire semblant de ne point l'apercevoir, et cela eût été plus conforme aux habitudes et aux usages. Il est, — je le sens trop d'après l'épreuve d'hier, — il est des points sur lesquels je ne m'accoutumerai jamais à retenir ma pensée, toutes les fois que je la croirai d'accord avec le vrai, avec le juste, et aussi avec le bien de l'Empire qui n'a nul intérêt à pencher tout d'un côté, et qui, sorti de la Révolution, ne saurait renier aucune philosophie sérieuse. Nous avons fort reculé, monsieur le Président, sur le

Sénat du premier Empire, qui comptait parmi ses membres La Place, La Grange, Sieyès, Volney, Cabanis, Tracy... Ne serait-il donc plus permis d'être de la religion philosophique de ces hommes? Vous, si éclairé, je vous en fais juge.

« Agréez, monsieur le Président, l'hommage de mes respects, mais je ne puis dire de mes regrets.

« SAINTE-BEUVE. »

Je ne me crois pas en droit de produire la réponse textuelle de M. le Président du Sénat : qu'il me suffise de dire qu'elle était non-seulement extrêmement polie, mais bienveillante, et que M. le Président Troplong m'assurait que, lorsque ces questions de doctrine se représenteraient par leur côté légal et politique, je serais autorisé à faire entendre ma voix à mon tour et à mon rang de parole.

Près de trois mois se passèrent durant lesquels l'état de ma santé me retint chez moi, et il n'y eut d'ailleurs au Sénat, dans cet intervalle, que des discussions d'un intérêt étranger à la question précédemment soulevée. Mais, dans la séance du vendredi 21 juin, M. le sénateur Suin fit un rapport sur une pétition de cent deux habitants de Saint-Étienne, se plaignant du choix que l'on avait fait de certains ouvrages pour former deux bibliothèques populaires sous le patronage de l'autorité municipale. M. le rapporteur, après quelques considérations générales sur l'instruction des classes laborieuses et sur l'institution des bibliothèques populaires, disait : « Au lieu de vous donner un exposé des faits, nous abrégerons en vous lisant la pétition : elle est courte et rédigée en termes si modérés et si convenables que vous aurez désiré la connaître. » Or, cette pétition, dont il donna lecture, contenait une liste d'auteurs et d'ouvrages fort mélangés, tous également présentés comme répréhensibles. Le rapporteur en proposait le renvoi au ministre de l'instruction publique. La discussion de cette pétition et du Rapport ayant été ajournée et fixée pour la séance du mardi 25 juin, M. Sainte-Beuve eut la parole au début et prononça le discours suivant :

MESSIEURS,

Il faut que ce soit le sentiment bien vif d'un devoir à remplir qui m'amène ici, — qui m'y ramène malgré un état de santé très-peu satisfaisant, et quoique je sache à l'avance que la faveur du Sénat, qu'il m'a publiquement retirée dans une circonstance regrettable et mémorable, — je veux dire regrettable pour d'autres que pour moi, — quoique cette faveur, dis-je, ne doive point m'être rendue au sujet des quelques observations que j'ai aujourd'hui à lui soumettre. Mais je croirais manquer à ce que je dois à ma qualité d'homme de lettres et aussi à mon office de sénateur, si je ne disais tout haut ce que je pense sur une question où il est fait appel directement à nos convictions les plus vives et les plus profondes.

Messieurs, quand j'ai eu l'honneur d'être appelé à siéger dans cette enceinte par un effet de la bonté toute particulière de l'Empereur, je m'étais dis que je n'aurais guère qu'à profiter et à m'instruire en écoutant sur tant de questions dont la pratique et l'étude me sont étrangères les hommes les plus expérimentés, les esprits les plus mûris, et qui occupent le sommet dans toutes les branches de l'administration et dans tous les ordres de l'État. Que si j'avais, par hasard, à intervenir quelquefois et bien rarement, pensais-je, ce ne serait guère que s'il était question de littérature, c'est-à-dire de ce que je connais bien ; s'il s'agissait de défendre les intérêts de mes confrères du dehors, de rendre hautement justice à tant d'efforts laborieux, malheureusement trop dispersés, et de répondre peut-être à quelques accusations comme on est tenté d'en élever trop légèrement, à chaque époque, contre la littérature de son temps. Je me disais cela, messieurs. Or ce cas, que j'avais prévu, se présente jusqu'à un certain point en ce moment, et c'est ce qui, malgré mon goût pour le silence, m'oblige à le rompre et à parler.

Et cependant parler, je le sens, est bien difficile ; venir contredire dans sa forme, dans sa tendance et dans ses conclusions, le Rapport que vous avez entendu dans la séance de vendredi et qui est l'ouvrage d'un savant collègue, d'un esprit pratique et positif, que je respecte tout particulièrement et qui m'a toujours montré de la bienveillance, ce n'est pas chose aisée, et il n'est pas agréable, je vous l'assure, de paraître prendre en main, ne fût-ce même qu'incidemment, une cause qui est déclarée détestable, funeste, perverse ; de paraître le moins du monde s'associer à ce qu'on a appelé les *efforts des méchants.*

Je ne viendrai pas, messieurs, traiter le cas particulier qui a fait l'objet et l'occasion de la pétition : je ferai seulement remarquer la gravité des déterminations auxquelles vous convie votre rapporteur et les conséquences, selon moi très-fâcheuses, qui en découleraient.

Nous vivons à une époque fort mêlée en tout genre, où les opinions les plus sincères peuvent être diamétralement opposées sur les questions les plus importantes ; où le vrai, dans tout ce qui n'est pas matière de science, se distingue malaisément du faux, et où, même en se bornant à ce qui est de l'utilité politique, on peut hésiter entre différentes voies et différents moyens.

Que l'on vienne, dans une bibliothèque populaire, distribuer à des lecteurs inexpérimentés des aliments ou malsains, ou trop forts et d'une digestion intellectuelle difficile, ce n'est pas, vous le sentez bien, ce que je m'efforcerai de justifier ; mais ce qui me paraît d'autre part excessif, injustifiable, c'est qu'on prenne occasion de ce qui peut être un fait controversable ou blâmable, pour venir afficher une sorte de jugement public et officiel d'ouvrages et de noms livrés à la dispute des hommes, établir contre eux une sorte de sentence définitive et sans appel, les frapper d'une note odieuse de censure, et instituer dans notre libre France une sorte d'*Index* des livres condamnés, comme à Rome. (*Protestations.*)

Encore une fois, la question, messieurs, n'est point tout simplement de savoir s'il faut apporter de la mesure et de la convenance dans les choix des bibliothèques populaires. Si le Rapport s'était tenu dans ces termes, il ne saurait y avoir qu'un avis et une pensée de conciliation et de concorde chez tous les bons esprits. Mais le Rapport n'a point fait cela : le Rapport a pris fait et cause pour une pétition ; il a pris feu ; il a accepté une liste dénoncée, telle quelle, il l'a produite, il l'a mise à son compte, — au compte du Sénat ; il l'a jugée et condamnée en masse ; il n'a apporté aucune réserve, aucun adoucissement, que dis-je ? il a aggravé la dénonciation des pétitionnaires par son commentaire propre : des noms honorables ou glorieux, confondus avec d'autres, y encourent une réprobation entière et sommaire, une véritable flétrissure publique, sans discussion.

Oh ! ici, ma conscience d'écrivain et d'homme qui se croit le droit d'examen et de libre opinion se révolte, et prenant votre liste même, monsieur et respectable confrère, monsieur Suin, je la relève et je dis :

Dans cette suite de livres que vous confondez sous une même dénomination infamante, je trouve Voltaire tout d'abord, le premier (et il est bien juste qu'il soit le premier) ; je le trouve pour son *Dictionnaire philosophique,* qui n'a le tort que de dire bien souvent trop haut et trop nettement ce que chacun pense tout bas, ce que l'hypocrisie incrédule de notre époque essaye de se dissimuler encore. Je trouve *Zadig* et *Candide,* que nous avons tous lus, messieurs (tous ceux du moins qui ont eu le loisir de lire), deux romans philosophiques qui ont paru à beaucoup de bons esprits les productions d'une raison charmante encore, lors même qu'elle est le plus amère. Ce n'est pas que je ne sois étonné tout le premier d'avoir à discuter ces livres devant vous. Ce sont livres, croyez-moi, qui ne veulent pas être lus et jugés en habit brodé, messieurs les sénateurs, pas plus que Rabelais. Croyez-moi, parlons-en peu ici ; ce n'est pas le lieu. — Et pourquoi en parlez-vous vous-même ? me dira-t-on. — J'en parle parce qu'ils sont déférés devant vous, parce qu'on a saisi le Sénat d'une liste où ils sont nommément incriminés. Le Rapport (chose inouïe, inusitée parmi vous), le Rapport a épousé la pétition ; — il est la pétition même.

Je trouve sur la même liste Jean-Jacques Rousseau pour ses *Confessions,* une œuvre de courage, où se mêle sans doute une veine de folie ou de misanthropie bizarre, mais production à jamais chère à la classe moyenne et au peuple, dont elle a osé représenter pour la première fois les misères, les durs commencements, les mœurs habituelles, les désirs et les rêves de bonheur, les joies simples, les promenades au sein de la nature, sans en séparer jamais l'espérance en Dieu ; car, à celui-là, vous ne lui refuserez pas, je le pense, de croire en Dieu, d'y croire à sa manière, qui, à l'heure qu'il est, est celle de bien des gens. (*Mouvement.*) Faute de mieux, convenez-en, croire en Dieu comme Jean-Jacques Rousseau, c'est déjà quelque chose.

Sur votre liste, que trouvé-je encore? Proudhon. Celui-là, il est voué, je le sais, aux dieux infernaux. C'est ailleurs, dans un autre lieu qu'ici, devant des auditeurs ou des lecteurs plus désintéressés et plus attentifs, que j'ai essayé et que j'essayerai encore d'expliquer comme il convient quelques-unes de ses violences et de ses extrémités de parole : penseur ardent et opiniâtre, dialecticien puissant, satirique vigoureux et souvent éloquent, qui ne marchandait pas les vérités, même aux siens, rude honnête homme mort à la peine. Quant à ses idées, les politiques et les économistes savent aujourd'hui qu'il y a beaucoup à en profiter et à y prendre. On peut être homme du peuple, homme de travail, et s'instruire en le lisant.

Et d'ailleurs on n'a pas eu la main heureuse : ce livre de lui, enveloppé et incriminé dans la liste, les *Confessions d'un Révolutionnaire* sont, de l'aveu même des adversaires, son meilleur livre, son plus beau. C'est chose reconnue aujourd'hui.

Et sur cette appellation de *socialisme,* qui suscite à l'aveugle chez des esprits prévenus tant d'animadversion et de colère, je ferai une simple remarque. J'ai beaucoup lu et médité les écrits du prisonnier de Ham, et il m'a été impossible de ne pas reconnaître en lui un socialiste éminent. Extraire ce qu'il y a de bon dans le socialisme pour le soustraire à la Révolution et pour le faire entrer dans l'ordre régulier de la société, m'a toujours paru une partie essentielle et originale de la tâche dévolue au second Empire.

Je vais réveiller des tempêtes, je passerai vite. Mais Michelet, homme vivant, mais Renan, de quel droit, vous, personnages publics, corps de l'État, fussiez-vous l'ancien Sénat dit conservateur, de quel droit venez-vous leur imprimer une tache au front? Savez-vous que cet homme, dont le nom met hors des gonds les plus sages, est le plus distingué de sa génération? L'Empereur, oui, messieurs, l'Empereur (car je ne me lasse pas de me couvrir de cette autorité, la plus haute comme la plus libérale de son régime), honore de son estime M. Renan, comme il honore de son amitié George Sand. (*Mouvement.*)

M. de Chabrier. Est-ce que l'Empereur vous a chargé de parler en son nom?

M. Sainte-Beuve. Ah! celle-ci, vous faites large sa part : vous la proscrivez pour toutes ses œuvres. Elle mérite en effet cette ample radiation par l'éclat et l'étendue de son talent. Mais je vous demanderais, messieurs, si nous étions ici une Académie en même temps qu'un Sénat, si nous étions un corps littéraire, ayant qualité pour examiner de près ces choses, de quel droit vous empêcheriez de lire *Mlle de la Quintinie,* quand vous aurez permis de lire, même avec estampille, la *Sybille* de M. Octave Feuillet dont cette *Mlle de la Quintinie* est la réfutation? Si vous étiez une Académie, je vous demanderais encore si, entre tant d'œuvres qui vous effrayent, vous ne pourriez faire une exception, au moins pour ce chef-d'œuvre, *la Mare au Diable,* pour *la Petite Fadette*, pour toute une branche de romans champêtres, purs et irréprochables. Mais le Rapport frappe de haut : il n'a pas daigné entrer dans ces nuances.

Il m'est arrivé plus d'une fois, messieurs, en assistant à certaines de vos discussions, de former un regret et un vœu : ce vœu, ce serait de voir plus souvent dans cette enceinte un Prince si remarquable par les dons de l'intelligence, si riche de connaissances qu'il accroît de jour en jour, d'un esprit vraiment démocratique, doué d'éloquence, d'une capacité multiple et prompte que tous ceux qui ont eu l'honneur de l'approcher admirent, et qui, pour tout dire d'un mot, est digne de sa race. J'aimerais à le voir quelquefois, à l'entendre établir et revendiquer ici quelques-uns des principes de la société nouvelle, dût-on l'écouter en frémissant... Mais ce n'est point de cela qu'il s'agit en ce moment; j'aimerais, dis-je, que le Prince Napoléon fût présent, car ce serait à lui plus qu'à personne qu'il appartiendrait de venger le grand écrivain, le grand peintre, la femme cordiale et bienfaisante dont il est l'ami.

Balzac aussi figure sur la liste maudite : il y passe tout entier avec toute son œuvre. L'auteur d'*Eugénie Grandet* n'est pas excepté, pas plus que l'auteur de *la Maré au Diable*. Voilà un Rapport bien inflexible et bien draconien. Nicole un jour, écrivant au nom de Port-Royal, appela tous les romanciers et les auteurs de théâtres des *empoisonneurs publics*. On sait avec quelle finesse acérée Racine répondit à l'injure dans laquelle il se voyait compris. Ce n'est point au Sénat, messieurs, qu'il convient de parler comme les théologiens. Et laissez-moi vous rappeler un souvenir à propos de Balzac. J'assistais à ses funérailles; elles étaient magnifiques, solennelles. Un des ministres de ce temps-là, — le ministre des affaires étrangères, si je ne me trompe, — s'était fait honneur d'y venir, et il tenait l'un des cordons. Ce ministre d'alors est encore ministre aujourd'hui. C'est l'homme éclairé et ami des choses de l'esprit qui préside à la justice et aux cultes : c'est M. Baroche. Si j'étais de M. le rapporteur, je proposerais de lui renvoyer la pétition pour qu'il ait à stimuler le zèle de MM. les procureurs généraux dans l'interprétation d'un certain article de loi et à les lancer à la chasse des romanciers célèbres.

Il me semble que les vices du système qu'on vous propose sortent de toutes parts. Vous mettez à l'*index* ministériel Lanfrey pour son *Histoire des Papes :* mettrez-vous donc à l'*Index* également tous ces sots livres imbus d'une doctrine ultramontaine que repoussait la religion de Bossuet et qu'on accepte couramment aujourd'hui, — qu'on a l'air d'accepter, — car on est devenu d'une pusillanimité étrange? J'en prends à témoin mon savant collègue M. Bonjean, qui traite si pertinemment de ces matières.

Dans l'ardeur de votre zèle inquisitorial, vous confondez avec des écrits, peut-être méprisables en effet (je ne les ai pas tous lus), le noble Jean Reynaud et sa philosophie religieuse, sa soif d'immortalité, sa vie future dans les astres. Chimère de savant, soit; mais, chimère pour chimère, celle-là en vaut bien d'autres.

Je ne suis pas payé pour défendre M. Pelletan : il a été de tous temps pour moi un adversaire, peut-être un ennemi. Mais y pensez-vous bien? Quoi! cet écrivain, pour ses livres mêmes, est agréé du peuple; il est à Paris l'élu du suffrage universel, il est député et membre du Corps qui dans la Constitution est corrélatif au vôtre; et vous allez, en raison même de ses livres, lui imprimer une note qui le ferait réélire cent fois pour une s'il ne devait pas être réélu sans cela! (*Rumeurs.*)

Un sénateur. Ce n'est pas la question.

M. Sainte-Beuve. Élu pour ses ouvrages par le peuple à Paris, vous allez déclarer qu'il ne doit point trouver place dans une bibliothèque pour le peuple à Saint-Étienne? Est-ce raisonnable? Est-ce prudent? Où est la sagesse? Et puis (car on ne peut pas tout dire), ce livre de lui qu'on incrimine, *la Nouvelle Babylone,* mais l'avez-vous lu? C'est un livre de morale, de satire austère, puritaine, presque farouche, contre les corruptions, contre les dépravations, contre les plaisirs; mais dans ce livre, M. Pelletan est un Tertullien stoïcien. Qu'avez-vous donc à le proscrire? Vous ne l'avez pas lu; c'est un livre de morale chagrine et excessive; lui, c'est un Juvénal; je ne parle pas du talent, mais je réponds au moins de la sévérité et de l'âpreté. C'est donc sur son nom que vous le proscrivez?

M. le Président. Comme l'auteur de tout livre :

« Il est esclave-né de quiconque l'achète. »

M. Sainte-Beuve. Ai-je épuisé la liste[1]? Je ne sais, mais vous

1. Dans ce résumé rapide, il m'est arrivé d'oublier, je ne sais comment, le livre de M. Dargaud : *Histoire de la Liberté religieuse en France.* Or ce livre, dénoncé par les pétitionnaires de Saint-Étienne, a eu l'honneur d'être couronné par l'Académie française en 1861 et de partager avec un ouvrage de M. Géruzez le grand prix de la fondation Gobert pour cette année-là. M. Vil-

me mettez en goût d'interdiction, messieurs de la Commission : Eh bien, je vais vous signaler une lacune ; votre liste, si longue qu'elle soit, est incomplète : messieurs, il y manque Molière, il y manque *Tartufe*.

Encore un coup, messieurs, n'entrez point dans cette voie : ne sonnez point le tocsin pour si peu. On veut de nos jours que tout le monde sache lire. M. le ministre de l'instruction publique y pousse de toutes ses forces, et je l'en loue. Mais est-ce que vous croyez que vous allez tailler au peuple ses lectures, lui mesurer ses bouchées, lui dire : *Tu liras ceci et tu ne liras pas cela?* Mais une telle défense, de votre part, mettrait un attrait de plus et comme une prime à tous les livres que vous interdiriez.

Défenseurs de l'ordre social, laissez-moi, laissez quelqu'un qui a vécu longtemps en dehors de votre sphère vous le dire en toute franchise : c'est une étrange erreur, c'est une faute que de partager ainsi le monde politique ou littéraire en bons et en méchants, de ranger et d'aligner ainsi tous ses ennemis, ceux qu'on qualifie tels et qui souvent ne le sont pas ; qui réclament l'un une réforme, l'autre une autre ; qui n'attaquent pas tout indistinctement ; qui demandent souvent des choses justes au fond et légitimes, et qui seront admises dans un temps plus ou moins prochain. Prenez-y garde ! ces calomniés de la veille

lemain, secrétaire perpétuel de l'Académie française, dans son Rapport lu en séance publique, en parlait comme il suit : « L'un (des deux ouvrages couronnés), l'*Histoire de la Liberté religieuse en France et de ses fondateurs*, par M. Dargaud, étude passionnée, d'une imagination vive, mais d'un esprit honnête qui veut être impartial, décrit les événements et les hommes des guerres civiles de France, au seizième siècle. Les recherches de l'auteur sont attentives; ses jugements, intègres; sa prédilection, ardente pour tout effort de justice et d'humanité, pour tout noble caractère, dans quelque parti qu'il se trouve. Il a par moments de justes sévérités pour Coligny, comme de justes admirations pour le premier des Guises. Ce qu'il sent avec force, il l'exprime souvent avec excès. La vérité de l'émotion ne prévient pas en lui l'effort du langage ; mais il a de l'âme et du talent ; il peint de traits énergiques, sans être assez simples, le chancelier de L'Hôpital, et il ajoute encore à l'admiration pour Henri IV. » Si quelque chose peut servir à marquer l'esprit et l'intention qui ont dicté la pétition de Saint-Étienne, c'est la proscription d'un tel livre, tout en l'honneur de la tolérance.

deviennent les honnêtes gens du lendemain et ceux que la société porte le plus haut et préconise. (Légers murmures.) Malheur alors à qui les a persécutés ou honnis ! Agir à leur égard de la sorte, les associer et les accoler à d'indignes voisins pour les confondre dans un même anathème, c'est se faire tort, c'est se préparer de grands mécomptes, et, si le mot était plus noble, je dirais, de grands *pieds-de-nez* dans l'avenir. (Oh ! oh ! — Chuchotements.) On fera un jour l'histoire de nos opinions, messieurs, et de tout ceci. Il ne faut pas plus d'une de ces grosses méprises pour rendre un nom, d'ailleurs honorable, ridicule à jamais devant toute une postérité.

Messieurs, vous qui êtes des politiques, veuillez encore vous dire ceci : L'Empire, que nous aimons tous et que nous maintenons, n'a aucun intérêt à pencher tout d'un côté. Et pourtant, à voir ce qui se passe habituellement dans les hautes sphères, dans la haute société, dans les salons,— et il me semble que nous sommes ici, à bien des titres, dans le plus grave et le plus respecté des salons,— on croirait véritablement qu'il n'y a en politique qu'un centre droit, qu'un côté droit, et que tout ce qui était autrefois la gauche, — la gauche constitutionnelle,— est supprimé. J'élargis un peu, en ce moment, le cercle de la discussion ; mais je suis en plein dans la question générale, au cœur de cette question. Dieu merci ! nous vivons sous un régime qui a la base la plus large que régime ait jamais eue en France, et qui ne saurait vouloir rétrécir la croissance de la raison moderne dans ses développements les plus légitimes. C'est donc être fidèle, selon moi, à l'esprit de la Constitution, dont nous sommes les gardiens, que de ne pas laisser s'autoriser dans cette enceinte cette apparente unanimité de réprobation contre tout ce qui sent le libre examen, quand il se contient, en s'exprimant, dans les termes d'une discussion sérieuse, non injurieuse. Je ne comprendrais pas que sous le règne d'un Napoléon[1], c'est-à-dire d'un souverain qui est jaloux sans doute

1. La pensée de Napoléon Ier sur ce point est nettement exprimée dans un passage de sa Correspondance : « Qu'on soit athée comme Lalande, religieux comme Portalis, philosophe comme Regnaud, on n'en est pas moins fidèle au Gouvernement, bon citoyen. De quel droit donc souffrir ouverte-

de garantir tous les intérêts moraux, d'abriter toutes les craintes même et les délicatesses des consciences, mais aussi de réserver tous les droits sérieux et légitimes issus de la Révolution, il y eût un accord aussi surprenant contre cette classe plus ou moins nombreuse qu'on n'appelle qu'en se signant les *libres penseurs,* et dont tout le crime consiste à chercher à se rendre compte en matière de doctrines. Le propre et l'honneur de l'Empire est de maintenir la balance égale et de ne verser d'aucun côté. Si rassurer et consoler les intérêts et les instincts conservateurs est une partie essentielle de sa tâche, ne pas déserter, ne pas laisser entamer les droits acquis par la Révolution, ses conquêtes morales, est une partie non moins essentielle, plus essentielle encore (s'il était possible) de sa vie.

En un mot, l'Empire a une droite et une gauche ; à gauche est le cœur.

Messieurs, j'ai abusé de votre patience, mais j'ai fini. De toutes les paroles qui m'ont assailli dans une autre circonstance et dont je n'ai gardé aucun amer souvenir, une seule, je vous l'avouerai, m'est restée sur le cœur. Un homme, qu'après cette parole proférée, puis consignée au *Moniteur,* je ne crois point devoir appeler mon collègue, s'est oublié au point de dire en m'apostrophant : « Ce n'est pas pour cela que vous êtes ici. » (Oui, monsieur Lacaze, vous avez dit et vous n'avez pas rétracté cette parole que, par respect pour le lieu où nous sommes, je me contenterai d'appeler peu séante.) (Rumeurs.)

Plusieurs sénateurs. Il a bien fait !

M. le Président. Les personnalités sont interdites par le règlement, veuillez vous en abstenir.

M. Lacaze. Je ne rétracte pas ces paroles du tout... Je trouve que vous les relevez bien tard.

M. Sainte-Beuve. Je n'insiste pas, monsieur le Président. Je croyais qu'il m'était permis de me défendre.

M. le Président. Je vous ai fait remarquer que ce sont des

ment qu'on vienne dire à ces individus qu'ils sont mauvais citoyens ? » (Lettre à Fouché, du 4 avril 1807.) — Aujourd'hui qu'on n'est plus sous un régime de répression, on ne demande pas qu'il soit interdit d'accuser, mais on demande qu'il soit permis de répondre.

personnalités qui sont contraires au règlement, et qui ne doivent pas trouver place dans cette enceinte. (Approbation.)

M. SAINTE-BEUVE. Ce n'est pas moi qui suis entré dans la voie des personnalités, je les relève.

Je suivais un raisonnement, je le continue : la question est celle de savoir pourquoi je suis ici.

Eh bien ! en conscience, je crois au contraire, comme je l'ai dit en commençant, messieurs, que c'est précisément pour cela que je suis ici. Je me permets même de penser que l'Empereur, qui savait mon insuffisance à tant d'égards pour tous les ordres de services et de savoir qui sont si bien représentés dans cette assemblée, n'a pu songer à moi que pour que je vinsse de temps en temps et rarement apporter au milieu de vos délibérations une note sincère, discordante peut-être, mais personnelle et bien vibrante.

En conséquence, je déclare ne pouvoir m'associer à aucun degré à des conclusions que je considère comme l'erreur d'un homme de bien alarmé. Le Sénat est et ne peut être qu'un corps modéré, il ne peut être un corps réactionnaire.

M. FERDINAND BARROT. Encore moins révolutionnaire.

M. SAINTE-BEUVE. Il ne doit point passer pour tel. Composé de tant de lumières, qu'il daigne réfléchir, qu'il ose résister à la faute qu'on lui propose.

Je vote pour l'ordre du jour.

Les journaux du lundi 8 juillet ont publié, presque tous, la note suivante :

Depuis quelques jours, M. Sainte-Beuve a eu à soutenir une correspondance qui sera désormais comme une annexe de son discours du 25 juin.

Le samedi 30 juin, M. le baron de Heeckeren, sénateur, lui adressait une lettre qui en contenait une autre de M. Lacaze, sénateur, en lui annonçant qu'il était chargé par ce dernier, de concert avec M. de Reinach, député, de régler l'affaire indiquée par M. Lacaze dans sa lettre : il demandait à M. Sainte-Beuve de lui faire savoir quels étaient les amis qu'il désignait de son côté à cette même fin.

La lettre de M. Lacaze à M. Sainte-Beuve est ainsi conçue :

« Paris, le 29 juin 1867.

« Monsieur,

« Vous avez voulu être blessant pour moi dans votre discours de mardi. L'intention vaut le fait et me donne les mêmes droits. J'ai prié M. de Heeckeren, sénateur, et M. de Reinach, député, de s'entendre avec les deux personnes que vous désignerez pour les suites naturelles de cet incident. — M. de Heeckeren, qui veut bien se charger de ce billet, recevra aussi votre réponse, c'est-à-dire les noms des deux personnes de votre choix.

« B. Lacaze. »

M. Sainte-Beuve répondit à M. le baron de Heeckeren la lettre suivante :

« Dimanche matin, 30 juin 1867.

« Monsieur le baron,

« J'ai reçu hier soir la lettre que vous me faites l'honneur de m'adresser et qui en renfermait une autre de M. Lacaze m'apportant une provocation en duel. Vous me demandez de désigner deux amis pour *régler* de concert avec vous et une autre personne ce que vous voulez bien appeler « cette pénible affaire. » Permettez que j'y mette, selon mon habitude, un peu de réflexion et de lenteur. Je n'accepte pas aussi couramment qu'on semble le supposer cette jurisprudence sommaire qui consiste à étrangler une question et à supprimer un homme en 48 heures. Je vous avouerai même très-franchement que dans les nombreux amis du dévouement desquels je dispose, je n'en ai pas sous la main ni deux ni un seul qui sache ces choses des armes ; mes amis, en général, savent les choses de la pensée, de la plume et de la parole, ce qui ne veut pas dire qu'ils soient moins fermes ou moins gens d'honneur pour cela ; mais ils ne sont pas docteurs ès armes. J'aurais, en tout état de cause, à consulter surtout ceux qui défendent l'idée et la cause même que je défends, et qui savent les moyens et les armes qui y conviennent. Cette affaire, d'ailleurs, est claire comme le jour, et tous en possèdent les éléments : elle est de celles qui me paraissent devoir se traiter uniquement par voie de discussion, d'opinion librement contradictoire et de publicité. Je ne la crains pas pour ce que j'écris en ce moment.

« Veuillez agréer, monsieur le baron, l'assurance de ma considération respectueuse.

« SAINTE-BEUVE. »

M. le baron de Heeckeren écrivit de nouveau à M. Sainte-Beuve, à la date du mercredi 3 juillet, qu'il avait espéré que, pendant les quarante-huit heures écoulées, M. Sainte-Beuve lui aurait désigné les deux amis avec lesquels M. de Reinach et lui seraient entrés en rapport, ce qui l'aurait dispensé d'avoir à lui adresser en communication une lettre nouvelle de M. Lacaze sur le même sujet. Cette lettre de M. Lacaze n'étant point adressée directement à M. Sainte-Beuve, mais à M. de Heeckeren, M. Sainte-Beuve laisse à ces messieurs le soin de la publier [1]. M. Sainte-Beuve a répondu alors directement à

1. Le journal *La France*, du 9 juillet, ayant publié les lettres que lui a communiquées M. de Heeckeren, on croit devoir les joindre ici. Voici donc la seconde lettre de M. de Heeckeren à M. Sainte-Beuve :

« Paris, ce 3 juillet 1867.

« Monsieur le sénateur,

« J'avais espéré que pendant les 48 heures qui se sont écoulées depuis la réponse que vous m'avez fait l'honneur de m'adresser en date du 1er juil-

M. Lacaze par la lettre suivante, qui met fin, de son côté, à cette correspondance :

« Ce 4 juillet 1867.

« Monsieur,

« Les faits entre nous sont très-simples, et, depuis déjà bien des jours, le public les a sous les yeux.

« Dans la séance du 29 mars dernier, au moment où j'ai revendiqué le droit de défendre, ne fût-ce que moyennant protestation de ma part, « des opinions philosophiques, honorables et respectables, au nom de la liberté de penser, » vous m'avez adressé cette parole, imprimée au *Moniteur* : « Vous n'êtes pas ici pour cela. »

« Au milieu de tant d'autres paroles, insérées également au *Moniteur*, et qui firent explosion en ce singulier moment, où il m'a été donné d'être désigné devant le pays comme une sorte de paria au sein du Sénat, votre apostrophe offensante me parut la seule qui fût à relever, à réfuter, parce qu'elle atteignait directement mon droit, qu'elle le niait, et que, sous sa forme impérieuse et leste, elle était la plus contraire à ce qu'on doit attendre d'un collègue, c'est-à-dire d'un égal. Un président de cour d'assises faisant asseoir un avocat stagiaire qui s'émanciperait n'aurait point parlé autrement.

let, vous auriez eu le loisir de trouver deux amis avec lesquels M. de Reinach député et moi, nous eussions pu entrer en relation. Je regrette d'autant plus sincèrement que cette formalité première n'ait pas été remplie qu'elle m'aurait dispensé de vous adresser directement en communication cette seconde lettre de notre collègue M. Lacaze.

« Quant à la préoccupation de trouver des docteurs ès armes, permettez-moi de vous dire que vous paraissez vous méprendre sur le rôle réservé à vos témoins, appelés comme nous à examiner avant tout avec calme et impartialité la valeur des griefs qui ont donné lieu à cet échange de correspondance.

« Veuillez agréer, monsieur le sénateur, etc.

« Baron de Heeckeren. »

Et voici la lettre de M. Lacaze adressée à M. de Heeckeren, et par lui envoyée en communication à M. Sainte-Beuve :

« Ce 1er juillet 1867.

« Mon cher collègue,

« Il y a dans la réponse de M. Sainte-Beuve, que vous me communiquez, une méprise si étrange que je n'y crois pas encore.

« M. Sainte-Beuve semble croire que je me risque pour supprimer en lui,

« J'ai dû ne pas rester sous le coup d'une semblable apostrophe, qui avait eu du retentissement : j'en ai pris acte dans la séance du 25 juin. J'ai répondu au fond quant à la prétention doctrinale, et aussi du ton le plus vif et avec l'accent de la dignité blessée.

« Vous répondîtes sur-le-champ, monsieur, un mot qui se lit au *Moniteur* dans le compte rendu de la séance. Mais, avant même que vous l'eussiez prononcé, plusieurs sénateurs, à l'occasion de cette parole de vous, que je réfutais et qui m'avait blessé, prenant hautement votre parti, se sont écriés : *Il a bien fait!* Tant il est vrai que cette réfutation ou cette protestation de ma part était nécessaire.

« Aujourd'hui, vous venez, monsieur, vous présenter comme l'offensé, et moi comme l'agresseur.

« Je n'accepte pas du tout cette situation, et personne parmi les lecteurs des deux séances ne voudra croire à ce renversement de rôles.

« C'est vous qui le premier avez dit la parole offensante qui domine tout le débat. Elle m'a révélé dans le collègue quelqu'un qui ne prenait pas la peine de me considérer comme tel.

« Je n'apporte dans ce débat aucun sentiment étranger ni personnel, en dehors du sujet même.

« Jamais, avant ce moment, nous n'avions eu, monsieur, aucun

dans les 48 heures, l'homme nécessaire d'une question ou d'une cause. Je suis à mille lieues de cette combinaison ; ma conduite est des plus simples et toute personnelle. — Entre lui et moi, il n'y a pas dans tout ceci une ombre de *question* ou de *cause;* il n'y a qu'une offense, dont je poursuis la réparation.

« Je n'ai aucun droit à me ranger parmi ceux qui « savent les choses de la pensée, de la plume et de la parole. » Mais je ne suis pas plus que lui un docteur ès armes : je suis tout bonnement un homme de mon temps et de mon pays, qui ne veux pas être insulté. Que M. Sainte-Beuve consulte ses amis, — je suis convaincu qu'il ne s'en trouvera pas un qui ne lui dise : que lorsqu'on a, de propos délibéré, comme il l'a fait, acculé un honnête homme à l'extrémité de demander une réparation par les armes, on ne doit pas la refuser, on ne le peut pas.

« Bien des remerciements, et mille pardons de vous avoir embarqué dans cette galère.

« Votre dévoué collègue,

« Lacaze. »

On met cette lettre en entier telle que M. Sainte-Beuve l'a reçue en communication et qu'il en a retenu copie, parce que tout, jusque dans les termes familiers, y marque la différence du point de départ et du point de vue entre les deux parties adverses.

rapport personnel; jamais nous n'avions eu l'occasion d'échanger une parole; jamais même nous ne nous étions rencontrés ni vus.

« Je ne vous connais, monsieur, que par ce droit que vous vous êtes arrogé publiquement et de haut sur la direction et l'expression de ma pensée.

« Je ne ferai rien qui puisse dénaturer le caractère essentiellement public du conflit. Je ne me laisserai pas entraîner sur un autre terrain où la raison n'est plus libre.

« Je n'ai donc point cherché à désigner deux amis chargés de régler cette affaire avec messieurs vos témoins : si honorables que soient quatre personnes choisies à cette fin et dans ces conditions, je ne sens pas là de vrais arbitres.

« Il y a tel arbitrage devant lequel je me fusse incliné, un arbitrage pacifique, né du Sénat même, émané de son honorable Président[1], un tribunal devant lequel on aurait exposé et débattu directement, c'est-à-dire en personne, ses griefs et ses raisons. Dans la situation si particulière que les circonstances m'ont faite vis-à-vis du Sénat, et dans laquelle je me renferme, il ne s'est offert aucune ouverture en ce sens, et, retranché comme je le suis dans mon isolement, il ne m'eût pas convenu de rien provoquer en ce sens-là.

« Je ne vois donc pour juge compétent que le public, le grand public, tout le monde, ce quelqu'un qui a plus d'esprit que personne et qui a autant d'honneur que qui que ce soit, — un honneur qui n'est pas le point d'honneur et où il entre de la raison.

« SAINTE-BEUVE. »

1. Si cette sorte d'arbitrage avait eu lieu, il m'eût été bien difficile de ne pas faire sourire l'illustre Président lui-même en m'autorisant auprès de lui d'un texte de droit romain qui semble fait exprès pour le cas en litige. L'empereur Vespasien a, en effet, énoncé ce principe : « *Non oportere maledici Senatoribus, remaledici civile fasque esse.* » (Suétone, Vesp., IX.) — « Il ne faut point dire de parole mal sonnante à un sénateur; mais s'il en dit une lui-même, il est permis de lui bien répliquer. » Or, c'était à l'occasion du démêlé d'un chevalier avec un sénateur que Vespasien rendait cet arrêt : à plus forte raison est-ce vrai de sénateur à sénateur.

PARIS. — J. CLAYE, IMPRIMEUR, RUE SAINT-BENOIT, 7.

PARIS. — J. CLAYE, IMPRIMEUR, RUE SAINT-BENOIT, 7.

www.ingramcontent.com/pod-product-compliance
Ingram Content Group UK Ltd.
Pitfield, Milton Keynes, MK11 3LW, UK
UKHW021039260726
13994UKWH00005B/2245

9 782019 689605